LA
RÉUNION DE TOURS

28 Octobre 1888

DISCOURS

DE

M. LAMBERT de SAINTE-CROIX

ET DE

M. O. DEPEYRE

LETTRE de Mgr le Comte de PARIS

PARIS

LIBRAIRIE NATIONALE

104, AVENUE VICTOR-HUGO, 104

1888

LA
RÉUNION DE TOURS

28 Octobre 1888

DISCOURS

DE

M. LAMBERT de SAINTE-CROIX

ET DE

M. O. DEPEYRE

LETTRE de Mgr le Comte de PARIS

PARIS

LIBRAIRIE NATIONALE

104, AVENUE VICTOR-HUGO, 104

1888

LA
RÉUNION DE TOURS

Une imposante réunion monarchiste a eu lieu le dimanche 28 octobre dernier. Une foule énorme dans laquelle on remarquait en notable majorité des ouvriers de Tours et des habitants de la campagne, s'était rendue dans la salle du Cirque de la Touraine. Plus de deux mille personnes y ont pris place.

La réunion était présidée par M. Lambert de Sainte-Croix.

On remarquait dans l'assistance MM. Clément, sénateur; de La Ferronays, de Bonneval, de Soland, de La Bourdonnais, et Lecointre, députés; de Mauvise, Le Jouteux, Lecointre, conseillers généraux ; Paul Mame, Adrien Pillet, conseillers municipaux de Tours; l'amiral de Fayolle, le général Barry, le général de Charette, le comte d'Haussonville, Calla, marquis de Biancourt, Paul Gravier, le vicomte de La Villarmois, de Saint-Laumer, de Vauplane, baron V. de Noirfontaine, de Martignac, le docteur Roux, Camille Breton, de Marigny, etc., etc.

Les comités d'Indre-et-Loire, de l'Indre, de la Nièvre, de la Vienne, du Loiret, de

la Sarthe, de Loir-et-Cher et de Maine-et-
Loire, ainsi que vingt journaux de Paris
et de la région, étaient représentés.

A une heure, M. de La Villarmois, président du comité conservateur d'Indre-et-
Loire, a pris la parole pour déclarer la
réunion ouverte ; puis M. Lambert de
Sainte-Croix s'est levé et a prononcé le
discours suivant :

Messieurs,

Le président de votre comité a voulu que
ce fût moi qui eusse l'honneur et le plaisir
de vous présenter mon ami M. Depeyre,
l'ancien garde des sceaux, dont vous n'avez
pas oublié les brillants discours à la tribune
de l'Assemblée nationale, pas plus que vous
n'avez oublié la dignité, la fermeté avec laquelle il a dirigé l'administration de la justice, au temps où il y avait encore en
France une justice.

Je suis venu parmi vous, messieurs, pour
attester une fois de plus l'union de tous les
soldats de l'armée royaliste. Un seul et même
sentiment nous anime tous, celui d'une res-
pectueuse confiance dans notre chef. En face
de nos adversaires, dont l'apparente « con-
centration », comme ils disent, ne sert qu'à
mettre plus en lumière la profonde discorde
qui les divise ; en présence d'un tel désordre
gouvernemental qu'un des principaux ministre de la République en laissait naguère
échapper l'aveu publiquement ; lorsqu'on
voit ceux qui sont chargés, ou plutôt qui
se chargent du soin de défendre la Consti-

tution, déclarer eux-mêmes qu'elle ne vaut
plus rien ; quand on assiste à ce spectacle
nouveau et étrange d'un gouvernement qui
demande sa propre révision et qui déchire
de sa propre main la loi fondamentale par
laquelle il existe, nous avons, nous, le devoir de nous grouper plus étroitement que
jamais autour du Prince qui personnifie la
Monarchie.

Certes, je voudrais, comme les plus pres-
sés, pouvoir, avant tout, affranchir le pays
de l'oppression qui pèse sur lui. Car je sens,
moi aussi, qu'au train dont vont les choses,
nous risquons, si nous ne nous hâtons pas,
le jour où nous aurons à refaire la France,
de ne plus trouver que des ruines.

Mais, je l'avoue, j'ai une ambition plus
haute pour mon pays. Ce régime dont il
souffre, je ne veux pas seulement l'en déli-
vrer ; on ne détruit bien que ce qu'on rem-
place ; je veux le remplacer.

Cette ambition, nous avons, nous royalistes, le droit de l'avoir. Le reproche qu'on
adresse d'ordinaire à ceux qui demandent
à leur pays de changer ses institutions,
c'est de n'avoir rien à mettre à la place.
Nous avons, nous, un gouvernement tout
prêt, un programme net, précis, qui ne
laisse rien dans l'équivoque ni dans l'om-
bre, celui que Monseigneur le Comte de
Paris a tracé dans ses Instructions.

Ce programme, c'est tout simplement celui
qui associait, il y a cent ans, toutes les
classes de la nation, c'est le programme de
1789. Quelques jours nous séparent à peine
de l'année dout nos adversaires vont célébrer le centenaire, vous savez avec quel ta-

page ! Qu'ils me permettent de le leur dire :
leur calendrier se trompe. Cette date de 1789 ne
leur appartient pas, elle appartient tout en-
tière à la Monarchie ; c'est son œuvre, c'est la
conclusion de toute son histoire. Ils oublient
que de ces principes, proclamés dans tous
les cahiers et acclamés par six millions de
suffrages, le premier et le seul qui n'ait pas
même été discuté, c'était la Monarchie cons-
titutionnelle. De grâce, qu'ils attendent trois
ans de plus, et ils pourront, à leur aise, sans
que nous réclamions, célébrer leur véritable
centenaire à eux, celui de 1792, cette année
néfaste qui vit disparaître la plus grande
institution qu'après la papauté les temps
modernes aient connue, celle de la royauté
française. Mais je m'arrête. Je ne fais pas aux
républicains l'injure de croire qu'un seul
d'entre eux voulût fêter le centenaire de 93.

Je n'ai pas plus que vous connu les jours
réparateurs où ces grands principes rentrés
dans notre droit public avec la Monarchie
restaurée assuraient à la France trente ans
de repos, de paix, d'ordre et de liberté. J'at-
teignais à peine l'âge d'homme, quand j'ai
vu la Monarchie, au moment même où j'es-
pérais avoir l'honneur de la servir, empor-
tée par une surprise, sans prétexte et sans
excuse. Laissez-moi rappeler qu'à l'heure
même où elle tombait, elle recevait de l'Europe le moins suspect et le plus précieux
des témoignages. Le 24 février 1848, le chancelier de l'empire russe, le comte de Nes-
selrode, écrivait à l'ambassadeur de Russie

« La France aura gagné à la paix plus que
« ne lui aurait donné la guerre. Elle se
« verra entourée de tous côtés par un rem-

« part d'Etats constitutionnels, organisés
« sur le modèle français, vivant de son es-
« prit, agissant sous son influence. »

Ah ! messieurs, je ne veux pas comparer,
je ne veux pas me donner la douloureuse
satisfaction d'opposer le passé au présent ;
mais je tiens à me souvenir, car ce souvenir éveille en moi la seule ambition qu'on
puisse garder à mon âge, celle de revoir
mon pays, notre grand pays de France, tel
que j'ai pu seulement l'entrevoir aux jours
de ma jeunesse : libre, prospère, honoré,
respecté dans le monde.

M. Depeyre, ancien garde des sceaux,
directeur politique du *Moniteur Universel*, a pris ensuite la parole et s'est adressé
en ces termes à ses nombreux auditeurs :

Messieurs,

J'ai, en commençant, à vous adresser une
prière : je vous demande de vouloir bien
oublier quelques-unes des paroles que vous
venez d'entendre. Les partis politiques sont
trop facilement disposés à louer, et même à
admirer, ceux-là qui défendent leur cause.
Votre honorable président, M. de La Villarmois, vient de m'en donner une preuve
nouvelle. Je ne l'en remercie pas moins et
de tout cœur, et je remercie aussi mon ami
M. Lambert de Sainte-Croix de la façon si
gracieuse dont ils m'ont présenté à cette
nombreuse et si imposante réunion. Lorsqu'à la communauté des convictions s'a-
joutent l'exquise bienveillance de l'un et

la vieille amitié de l'autre, n'est-ce pas une raison de plus pour vous tenir quelque peu en garde contre mes répondants ?... Je n'apporte ici, messieurs, qu'une parole sincère, ardente, convaincue. N'attendez pas autre chose. (Applaudissements).

Parmi les vertus que la religion recommande à ses fidèles, il en est trois qu'elle place au premier rang : la Foi, l'Espérance et la Charité. Pour faire triompher leur cause, les partis politiques ont besoin, eux aussi de croire et d'espérer, d'avoir la foi et l'espérance. Quant à la charité, ils peuvent en ajourner la pratique au lendemain du triomphe, et, ce jour-là, messieurs, la charité que nous pratiquerons envers nos adversaires s'appellera le droit, la justice, la liberté égale pour tous. Ce sera notre seule vengeance de toutes les persécutions subies. (Applaudissements.)

Nous sommes venus ici, messieurs, mettre en commun notre foi royaliste, nos espérances royalistes ; nous sommes venus montrer à ce pays si profondément malheureux, qui a supporté de si longues et si cruelles épreuves, nous sommes venus lui montrer les horizons vers lesquels il doit aller pour trouver la délivrance et le salut. Aussi bien, messieurs, il sait aujourd'hui ce que vaut la République ; il sait aujourd'hui ce qu'elle a fait de la France, au dehors et au dedans.

La France au dehors ! Quel est celui qui, ayant gardé au cœur un peu de patriotisme et de fierté, ne se sent pas profondément attristé en voyant quelle est la situation de la France aux regards du monde ? Isolée au milieu de tous les Etats monarchiques de l'Europe, elle cherche en vain des alliances qui partout se dérobent. Des puissances nées d'hier, et qui, sans l'or et le sang de la France, prodigués pour elles dans un jour d'aveuglement et de folie, n'auraient jamais figuré sur l'échiquier européen, nous infligent des dédains qui ressemblent parfois à des provocations. La jeune Italie fait la leçon à la vieille France! (Vifs applaudissements.)

Et puis ne voyez-vous pas chaque jour les gouvernements étrangers se concerter sans nous, en dehors de nous ? Oserais-je ajouter, contre nous? Ne le pourrais-je point alors qu'il y a trois jours, à la tribune de la Chambre des députés, un orateur du parti républicain n'a pas hésité à tenir ce langage : « Voyez, a-t-il dit, se nouer de tous côtés en Europe des coalitions qui menacent la France ! »

Messieurs, voilà ce qu'est devenue avec la République cette nation que la monarchie avait faite si grande, si forte, si redoutable ! De cette grandeur, de cette puissance d'autrefois, voulez-vous un témoignage recueilli dans une lecture d'hier? Il ne sera pas suspect, celui-là !

C'était à la fin de l'an II de la première République. On discutait à la Convention un projet de loi sur l'organisation des bureaux du ministère des affaires étrangères ; et voici ce qu'on peut lire dans le rapport présenté par le Comité du salut public :

Le roi, disait le comité de salut public — *le comité de salut public! vous avez bien entendu, n'est-ce pas* ? — le roi ou un premier ministre rédigeaient, lisaient et signaient de leur propre main les dépêches, le ministre n'était qu'un secrétaire d'Etat des volontés du maître. Ce maître était l'héritier de quelques principes de famille, de quelques axiomes, bases des vues de la maison de Bourbon au préjudice des maisons rivales. Nos tyrans ne s'écartèrent jamais de ces axiomes, *et forts de l'industrie nationale*, ils parvinrent à donner à la France les degrés d'étendue qui en ont fait la puissance la plus terrible au dehors. Dans toutes nos guerres, une province nouvelle était la récompense de leur politique et de l'usage de nos forces.

Messieurs, voilà comme on parlait des services que la monarchie avait rendus à la vieille patrie française dans une Assemblée qui décapitait les rois! (Longs applaudissements.) Ah! que Dieu nous les rende, ces tyrans qui nous avaient conduits à de si glorieuses destinées! Plus que jamais la France a besoin d'eux! Que Dieu nous la rende, cette race royale qui, pour fonder l'unité française, envoya quarante-trois de ses fils mourir sur les champs de bataille (Applaudissements redoublés) et qui nous avait donné au dehors un si incomparable prestige! Un jour, au temps de notre vieille monarchie, il y avait une fête à la cour de Vienne. Au milieu de la soirée, l'empereur reçut un courrier qu'il ouvrit aussitôt, et, après l'avoir lu : « Messieurs, dit-il, le Roi est mort. » Et la fête se dispersa aussitôt, et tous les feux s'éteignirent, et nul ne songea à demander quel était ce roi qui venait de mourir. Lorsque, dans l'ancienne Europe, on disait : « Le Roi », c'était le roi de France! (Bravos, applaudissements.)

Qui donc pourra nous ramener quelque chose de ces splendeurs passées, faire cesser notre triste isolement et retrouver pour la France les alliances perdues? Demandez-le à notre plus implacable ennemi. N'est-ce pas le tout-puissant chancelier de l'empire d'Allemagne qui, en 1873, écrivait à son ambassadeur :

« Nous n'avons pas comme devoir de ren-
« dre la France puissante en y favorisant
« l'établissement d'une monarchie en règle
« et de la rendre capable de conclure des
« alliances. L'inimitié de la France nous
« oblige de désirer qu'elle reste faible. Je
« suis persuadé qu'aucun Français ne son-
« gerait jamais à nous aider à reconquérir
« les bienfaits d'une monarchie si Dieu fai-
« sait peser sur nous les misères d'une
« anarchie républicaine. »

Lorsque le prince de Bismarck écrivait cela en l'honneur de la République (On rit), il se souvenait de 1814. Alors aussi on avait pu croire que la France allait s'écrouler pour jamais sous le poids de ses désastres; mais un roi vint se placer entre l'Europe exaspérée et la France envahie, et par la seule force de son principe et par le respect qu'il imposait il sauva l'intégrité de notre vieux territoire. (Applaudissements.)

Trois ans s'étaient à peine écoulés et la France avait retrouvé dans le monde sa place d'autrefois. Puis la monarchie reprit son œuvre séculaire de glorieux agrandissements, et lorsqu'en 1848 la monarchie tomba sous le coup de cette révolution dont M. Lambert de Sainte-Croix nous disait tout à l'heure avec raison qu'elle avait surpris tout le monde, la France comptait

une province de plus. En 1830, nous avions
conquis Alger; en 1848, après dix-huit
mois de glorieux labeurs, nous avions conquis l'Afrique française avec le sang de nos
soldats et l'incomparable vaillance de ces
princes, de ces vrais Enfants de France
dont la République a reconnu et récom-
pensé les exploits en brisant leur épée et
en les condamnant à l'exil ! (Longs applaudissements.)

Je vous ai montré ce que la France était
devenue au dehors avec le gouvernement
de la République. Qu'est-elle devenue au
dedans? Lorsque les républicains arrivè-
rent au pouvoir, ils avaient promis de faire
de la République un gouvernement ouvert
à tous, ils avaient même dit qu'ils en feraient un gouvernement aimable : on ne
leur en demandait pas tant. (On rit.) Et la
République aimable est devenue un gouvernement d'intolérance, d'exclusion et de
haine. De la France ils ont fait deux camps :
le camp des oppresseurs et le camp des
opprimés. N'est-ce pas là, messieurs, le
spectacle qui s'offre chaque jour à vos yeux?
Et tenez, connaissez-vous quelque chose de
plus instructif en même temps que de plus
amusant que cette lettre d'un sous-préfet à un
maire de village que nous avons pu lire
dans les journaux d'avant-hier, et où s'étale
cette théorie que le cultivateur de nos campagnes qui a le malheur de perdre une vache
ou un bœuf, n'obtiendra de secours de l'administration que s'il a une bonne attitude
politique ? (Rires et applaudissements iro-
niques.) Je sais bien que M. le ministre a
daigné reconnaître que son sous-préfet

était allé un peu loin. (On rit.) Mais je suis
bien certain d'avance que ce désaveu res-
tera purement platonique, et que M. le sous-
préfet n'aura rien perdu de la confiance du
ministre et de ses chances d'avancement,
car, voyez-vous, il n'a fait que dire tout
haut dans sa lettre ce que chacun d'eux
fait tout bas. (Applaudissements.)

Oui, voilà le régime : d'un côté, la foule
des opprimés et des suspects ; de l'autre,
les violents et les délateurs, cette tourbe de
tyranneaux de village qui, grâce à la protec-
tion des députés dont ils sont les courtiers
électoraux, sont devenus de véritables po-
tentats ! C'était sans doute un de ceux-là
que M. le sous-préfet avait choisi pour lui
désigner quels étaient dans sa commune
les bêtes qui étaient dignes des sympathies
de l'administration. (On rit).

Cet esprit d'intolérance venimeuse, vous
le retrouvez partout. Malheur au plus hum-
ble des agents de l'Etat s'il a ce qu'on ap-
pelle de mauvaises relations. Cet esprit, il
a pénétré jusque dans certains concours.
Des jeunes gens qui avaient eu la naïveté
de croire que, sous une république comme
sous une monarchie, tous les citoyens de-
vaient être admis à servir leur pays et n'a-
vaient pour cela qu'à prouver leurs aptitudes, se voient consignés à la porte. La bar-
rière s'élève ou s'abaisse suivant que la
famille du jeune candidat est bien ou mal
notée à la préfecture, suivant qu'il a fait
son éducation ici ou ailleurs. Messieurs,
c'est le gouvernement tour à tour hypocrite
et violent d'un parti qui, en dehors de lui,

ne sait faire que des victimes ! (Applaudissements.)

Et nos libertés, où sont-elles? Je veux
bien compter à l'actif de la République cer-
taines libertés immondes (Rires), grâce aux-
quelles il est aujourd'hui permis d'insulter,
d'outrager par la plume ou par le crayon,
tout ce qu'il y a, dans notre société, de plus
respectable et de plus saint. Je reconnais
qu'en fait de liberté de ce genre, nous n'a-
vons rien à désirer. (Rires.)

Mais les droits des citoyens, mais les libertés qui nous sont chères, que sont-ils
devenus?

Nos gouvernants n'ont trouvé rien de
mieux que de ressusciter les meilleures
théories du droit césarien, et à l'heure pré-
sente, devant le tribunal de la Seine, on
discute pour savoir si, lorsqu'un préfet de
police aura dit : « Ceci est un acte admi-
nistratif », ce simple mot ne doit point suffire pour que le prétoire soit fermé aux re-
vendications de ceux qui ont été frappés ou
dépouillés. (Applaudissements.)

Et la liberté d'association? En 1872, à la
tribune de l'Assemblée nationale, un orateur républicain nous disait : « Ni de
« ma part, croyez-le bien, ni de la part
« d'aucun des membres qui sont assis sur
« les mêmes bancs que moi, ne s'élèvera la
« prétention de faire revivre les lois ré-
« pressives de la liberté des associations
« religieuses. Nous nous présentons ici pour
« réclamer l'égalité entre toutes les asso-
« ciations, l'égalité dans la liberté et le
« droit commun. » Celui qui parlait ainsi,
messieurs, c'était M. Brisson, qui plus

tard fut pendant quelque temps un personnage et ne serait pas fâché de le redevenir. L'égalité dans la liberté et le droit commun, elle a consisté à crocheter les portes des couvents, à pénétrer de force dans les humbles cellules des religieux, et lorsqu'ils se sont permis de dire : «Nous sommes des citoyens français», on leur a répondu en les prenant au collet et en les jetant à la rue. Magnifiques triomphes que devait compléter bientôt après la tuerie de Châteauvillain ! (Applaudissements.)

La liberté d'enseignement! Admirez ici avec moi un des chefs-d'œuvre de l'esprit démocratique ! Les sectaires qui nous gouvernent ont décrété l'enseignement laïque. Dieu est de trop dans l'éducation d'un peuple ; pour faire une société où le bien soit plus puissant que le mal, la crainte du gendarme doit suffire. Donc, ils ont décrété l'enseignement laïque. Mais pour l'enseignement secondaire, ils avaient à redouter la concurrence de ces établissements libres qui existent dans toutes nos provinces, et où l'enseignement religieux occupe la place qui lui est due ; là ils ont reculé dans leur œuvre de laïcisation. Lorsqu'il s'est agi de l'enseignement primaire, la situation n'était plus la même. Ils savaient qu'en dehors des chefs-lieux et de quelques grandes communes les ressources manqueraient pour fonder des écoles libres, et alors ils n'ont pas hésité à violenter la volonté des conseils municipaux et à leur imposer un enseignement et des maîtres qu'ils ne voulaient pas. N'est-ce pas là une belle victoire? forcer les paysans de nos campagnes à subir une tyrannie contre laquelle ils sont impuissants à se défendre, et faire de la liberté d'enseignement un privilège pour ceux qui peuvent le payer. Au nom de l'égalité démocratique, il était impossible de trouver mieux. Il n'y a que la laïcisation des hôpitaux, faite contre les malades, qui puisse être comparée à la laïcisation des écoles, poursuivie contre les pauvres. (Vifs applaudissements.)

Et la magistrature, qu'en ont-ils fait ? Nous avons assisté à ce double spectacle. Nous avons vu cinq cents magistrats du parquet se dépouiller volontairement de leur toge plutôt que d'asservir leur conscience. Quant à ceux que l'inamovibilité protégeait, on leur a prodigué les menaces et les promesses ; on leur demandait des services et, du haut de leurs sièges ébranlés, ils n'ont voulu rendre que des arrêts. Alors l'inamovibilité de la magistrature a été suspendue, et la magistrature a été décimée. Ah ! s'il y a dans cette enceinte de ces magistrats d'alors, que ces nobles proscrits reçoivent ici l'hommage de notre respect et de notre profonde reconnaissance pour les grands exemples qu'ils ont donnés au pays! Au milieu de toutes les défaillances, de toutes les tristesses de notre temps, quelle belle page pour l'histoire ! (Applaudissements.)

Et notre armée ? En dix ans on lui a infligé dix ministres, en dix ans elle a changé dix fois de chef. A peine arrivés au pouvoir, les républicains ont exclu de ses cadres de vaillants et glorieux soldats qui avaient derrière eux tout un passé d'éclatants services. Il y avait une loi d'organisation militaire que l'Assemblée nationale avait longuement élaborée, et je vous jure qu'à l'heure où elle fut discutée et votée, une seule préoccupation, je pourrais dire une seule passion, dominait tous les esprits : préparer à la France une armée digne d'elle ! les intérêts électoraux ne venaient qu'après...

Notre loi, ils n'en veulent plus, et les années se passent sans qu'ils aient pu encore aboutir à voter cette loi nouvelle, dont un des bienfaits doit être de faire entrer quinze cents séminaristes dans une armée d'un million d'hommes, ce qui doit évidemment fort émouvoir le prince de Bismarck et tous ceux qui dans le monde jalousent l'armée française. (Rires et applaudissements.)

Et la prospérité matérielle du pays ? Voulez-vous savoir où en sont notre commerce et nos industries ? Consultez les statistiques des faillites, et vous y verrez dans quelle proportion effrayante elles ont augmenté depuis dix ans. Voulez-vous savoir où en est l'agriculture ? Et, certes, vous le savez bien ; vous êtes de ceux qui vivez au milieu de nos populations rurales, vous êtes les témoins attristés de leurs souffrances et de leur misère. Mais pour avoir une vue plus haute, une vue d'ensemble, consultez encore les statistiques. Le chiffre total des ventes judiciaires était, il y a trois ans, de vingt-deux mille ; en 1887 il a atteint près de vingt-neuf mille et partout dans nos campagnes on ne parle que d'expropriations for   avait dit à nos

populations rurales que la République serait la République des paysans. La République des paysans, la voilà! (Vifs applaudissements.)

Et nos finances? lorsqu'ils sont arrivés au
pouvoir ils se sont rués sur la fortune publique et ils l'ont saccagée. En 1875, le dernier
budget voté par l'Assemblée nationale pré-
sentait un excédent de quatre-vingt-dix-huit
millions. Toutes les dettes de la guerre
avaient été payées, et il y avait deux cents
millions consacrés à l'amortissement.

Où en sommes-nous à cette heure?

Depuis dix ans les déficits succèdent aux
déficits et nous sommes arrivés aujourd'hui,
pour le prochain budget, au chiffre indis-
cuté de six cent vingt-sept millions.

« Il est temps de s'expliquer, disait na-
« guère un journal qui compte parmi les
« premiers du parti républicain. Il nous
« semble que l'on marche actuellement les
« yeux fermés, et fermés volontairement, à
« un gouffre sans fond. Je ne veux pas écrire
« le mot de banqueroute. C'est un gros mot.
« Veut-on continuer ainsi indéfiniment?
« C'est la ruine certaine. Et que serait la
« ruine au moment d'une guerre?

Voilà, messieurs, vers quels abîmes la
République a conduit nos finances ; pour
accomplir une telle besogne, ils avaient
besoin d'être seuls. C'est pourquoi, depuis
que les républicains ont la majorité, pas
un conservateur n'a pu entrer dans la commission du budget.

Il est vrai que, parmi les notabilités de cette
commission, se trouvait toujours un homme
(Rires) dont la présence seule était une ga-

rantie suffisante (Rires) et dont les aptitudes spéciales étaient si connues qu'il fut choisi à plusieurs reprises pour être le rapporteur général de la commission du budget ! Même ici je pourrais prononcer son nom, car, messieurs, le vieil honneur de votre Touraine n'a rien à souffrir des méfaits de cet étranger, naturalisé d'hier, implanté d'hier dans votre pays qui est impatient de le rejeter, n'est-ce pas ? (Bravo ! triple salve d'applaudissements.)

Et le vieil honneur français, et les traditions de probité séculaire dans le maniement des affaires publiques, qu'en est-il advenu ? Demandez-le aux républicains eux-mêmes. Grâce à la touchante confraternité qui les unit, chaque matin ils se dénoncent les uns les autres et se menacent de s'envoyer en police correctionnelle. (Applaudissements.)

Il y a eu, nous dit-on, des trafiquants et des corrompus sous tous les régimes. Oui, sans doute, sous tous les gouvernements il s'est rencontré des hommes investis d'un mandat public qui, à un jour donné, ont forfait au devoir et à l'honneur. Mais ceux-là étaient une exception.... et ceux-ci s'appellent légion ! (Mouvements prolongés.)

Il y a encore une autre différence. Sous les régimes antérieurs, quiconque avait failli était aussitôt frappé, impitoyablement frappé. Nul ne bénéficiait de ces impunités scandaleuses qui soulèvent aujourd'hui la réprobation de toutes les consciences honnêtes. (Vifs applaudissements.)

Si vous ouvrez, messieurs, un dictionnaire complet de la langue française et où soient indiqués les mots de convention qui furent employés à telle ou telle époque de notre histoire, je vous y signalerai le mot : brissotter. Brissot, député à la Convention, était véhémentement soupçonné d'avoir des idées beaucoup trop confuses sur ce qui est honnête et sur ce qui ne l'est pas. (Rires.) De là vint un verbe nouveau que l'on conjuguait ainsi : Tu brissottes, il brissotte, vous brissottez, ils brissottent. (Rires.)

Il paraît qu'on dit aujourd'hui : Tu wilsonnes, il wilsonne, vous wilsonnez, ils wilsonnent. Le pluriel est beaucoup plus usité que le singulier. (Hilarité générale. — Applaudissements prolongés.)

C'est, vous le voyez, une bonne fortune qu'il ne faut pas contester à la République : aux époques diverses de son existence, elle enrichit toujours notre dictionnaire. (Rires.)

Voilà, messieurs, voilà ce qu'est devenue la France au dehors et au dedans. Mais l'heure de l'expiation suprême approche et les républicains eux-mêmes ne se dissimulent pas tous les périls qui les entourent. Cependant, pour sauver la malade, les docteurs ne manquent pas. Seulement, ils ne sont pas d'accord.

Ecoutez ce concert de prédictions :

La République sera conservatrice ou elle ne sera pas...

La République sera opportuniste ou elle ne sera pas...

La République sera radicale ou elle ne sera pas...

Je crois que le jour va bientôt venir où le pays mettra fin à ces discussions en disant purement et simplement : « La République n'est plus. » (Rires et applaudissements.)

La République conservatrice, hélas! comme la jument de Roland, elle a toutes les qualités; mais elle a aussi un défaut, elle est morte ! (Rires.)

La République conservatrice! elle est représentée par quelques honnêtes obstinés — et il y en a plusieurs auxquels nous serrons cordialement la main — qui ne veulent pas admettre qu'ils n'ont été, suivant une expression consacrée, que des chevaux de renfort, dont on s'est empressé de se débarrasser au haut de la côte. Ce qui m'étonne le plus, c'est que, parmi eux, il y a des hommes qui, en outre du talent, ont la double autorité de l'expérience et de l'âge. Un jour, pendant que notre ami Batbie était à la tribune, un interrupteur se permit de lui rappeler cet incident de sa jeunesse. Après le 24 février 1848, Batbie — il avait alors vingt ans — avait signé, se trouvant à Paris, je ne sais quelle déclaration républicaine, où les jeunes gens de son département avaient été très fiers d'apposer leur paraphes (Rires.) Il me semble le voir encore, avec son fin sourire et cette parole qui cachait sous une bonhomie apparente les traits les plus mordants, se retourner vers son interrupteur : « Je plaindrais, lui répondit-il, celui qui, à vingt ans, n'aurait pas été quelque peu républicain. Mais je plaindrais bien plus encore ceux qui, à l'âge de quarante ans, s'obstinent à le rester encore. » (Rires et applaudissements.)

La République opportuniste, nous l'avons vue à l'œuvre. C'est elle qui a inauguré tous les attentats à la liberté ; c'est par elle qu'a été ouverte la persécution religieuse ; c'est elle qui a commencé la déprédation de nos finances.

Les radicaux arrivés ne font que continuer , et s'il n'y avait pas les appétits du pouvoir, on ne pourrait vraiment comprendre, la guerre que les opportunistes ont déclarée aux ministres d'aujourd'hui ; il est vrai que cette guerre n'est jamais une guerre bien meurtrière, et quand, par hasard, il s'en trouve un qui veut monter à l'assaut, lorsqu'il se retourne pour commander ses troupes , derrière lui il ne se trouve plus personne. (Rires.)

La République radicale, nous la connaissons, c'est elle qui nous gouverne en ce moment. Nous savons ce qu'elle nous annonce, ce qu'elle nous promet : des impôts nouveaux et des emprunts nouveaux. Et quant à son programme politique, vous le connaissez aussi : c'est la révision selon M. Floquet. Elle consiste à anéantir le Sénat, qui n'était pourtant pas bien dangereux (Rires) et à nous ramener au régime d'une Assemblée unique. Ce régime politique, dans notre histoire, s'est appelé la Convention !

Il y a quelques jours à peine, dans une cérémonie officielle, nous avons entendu un ministre de la République prononcer ces paroles mémorables : « Danton, Robespierre, Marat, tous ces patriotes ardents et convaincus qui ont porté si haut le flambeau

de la justice, du droit et de la liberté !... »
(Murmures d'indignation).

Messieurs, c'est un ministre du gouvernement français qui a osé dire cela ! Cela a été imprimé le lendemain dans tous les comptes rendus et pas une protestation n'est venue de la part du Gouvernement.

Eh bien ! soit, ne touchez plus à 1789, les souvenirs du grand mouvement de 1789 ne vous appartiennent point, ils sont à nous. Vos ancêtres, cherchez-les, prenez-les dans les hommes de 1793, prenez-les et gardez-les, personne ne vous les disputera (Vifs applaudissements.)

Messieurs, voilà où nous en sommes. Quelques pas encore et nous touchons au fond de l'abîme. Je vois l'abîme, et cependant je n'y crois pas; je n'y crois pas parce que la France n'est jamais tombée assez bas pour que, avec l'aide de Dieu, elle ne puisse point se relever. J'en atteste toutes nos glorieuses résurrections d'autrefois. Mais comment ces résurrections purent-elles s'accomplir ? Toujours par la Monarchie unie avec la nation. Messieurs, allons au Roi ! c'est la Monarchie seule qui peut nous sauver.

Vous parlez de la monarchie héréditaire, nous dit-on, et que faites-vous de la souveraineté nationale ? — La souveraineté nationale ! qui donc la nie ? Autant vaudrait nier le pouvoir que Dieu a laissé à chacun de vous de choisir sa manière de vivre ! Vous pouvez, s'il vous plaît d'agir ainsi, vous pouvez ne tenir aucun compte des conditions de votre organisme physique ; vous pouvez, par votre façon de vivre,

détruire peu à peu en vous les sources
de la vie elle-même. Oui, vous avez
ce formidable pouvoir sur vous-même ;
je ne dis pas : ce droit, je dis : ce pouvoir.
Mais il y a au bout la responsabilité et le
châtiment. Eh bien ! il en est des peuples
comme des individus. Eux aussi sont les
maîtres de choisir leur destinée, mais ils le
font, eux aussi, à leurs risques et périls.
Voilà une nation qui a vécu de longs siècles sous le régime de la loi monarchique,
et l'institution monarchique était tellement
dans la raison, dans les intérêts, dans les
besoins de ce peuple, que la monarchie est
devenue son gouvernement nécessaire, son
gouvernement naturel. Puis, un jour est
venu où le peuple a brisé violemment
le pacte originaire qui le liait à la monarchie, a son gouvernement naturel,
a sa constitution séculaire, et leur a
substitué une forme nouvelle qui est
devenue l'état légal du pays. Mais cette
rupture n'a pas anéanti, que je sache,
le droit historique de la monarchie : il y a
toujours un principe monarchique, une lo-
monarchique, un représentant du principe
monarchique. Vous pouvez les bannir, vous
pouvez les exclure, vous ne pouvez pas les
supprimer ! (Applaudissements.)

Que venons-nous demander à la France ?
non pas de faire un roi — il n'y a pas de
roi à faire — mais de reconnaître, par
un accord nouveau et librement consenti-
le droit historique de la monarchie. Monsieur le Comte de Paris nous dit : Vous
avez rompu un jour le contrat à l'abri
duquel vos aïeux et les miens avaient, pen-

dant de longs siècles, vécu de la même vie; vous avez pu voir à quelles épreuves terribles cette séparation vous avait condamnés. Mais aujourd'hui comme alors, vous êtes les maîtres de vous-mêmes, et quand vous le voudrez, la monarchie nationale sera rétablie, fondée sur le droit traditionnel et s'adaptant, en même temps, à tous les besoins, à tous les intérêts de la société moderne, à toutes les nobles aspirations d'un monde rajeuni. (Applaudissements.) Il me semble entendre le vaincu de Crécy se présentant, le soir de la bataille devant les portes fermées d'une ville de son royaume : « Ouvrez, s'écria-t-il, c'est la fortune de France. » A ce pays qui a fermé ses frontières au principe monarchique, nous disons : « Ouvrez, c'est la fortune de France ! » Mais nous ne voulons pas que ces portes soient jamais forcées par la violence ou par la ruse, nous voulons qu'elles s'ouvrent devant un principe librement reconnu par la volonté souveraine du pays. Voilà, messieurs, ce que nous appelons la consultation nationale. (Applaudissements.)

Ah! ils ne la comprennent pas de la même façon les docteurs du droit républicain et hier encore M. Floquet nous apprenait, dans l'exposé des motifs qui précède son projet de révision que la République était au-dessus de toutes les discussions, au-dessus de tous les votes du pays. La République, c'est le lit de Procuste : il faut que la France y entre par force, qu'elle y reste par force, qu'elle y meure par force ! Voilà où sont les contempteurs, les véritables contempteurs de la souveraineté nationale ! (Applaudissements.)

C'est en plein XIXe siècle,, nous dit-on encore, c'est au milieu de tous les progrès de la raison publique, que vous osez proposer à la France de se soumettre à des chefs n'ayant d'autre titre que leur naissance! Non, nous voulons choisir nous-mêmes celui qui doit gouverner; ne sommes-nous pas toujours sûrs d'aller au plus digne et au plus capable ? (Rires et applaudissements.)

Au plus digne ?... Il y en avait un qu'on appelait le plus austère, il a disparu sous une tempête du mépris public ! (Applaudissements.)

La plus capable ?... Que s'est-il donc passé au dernier congrès ? Ne sommes-nous pas obligés de croire que le plus capable — je ne parle plus du plus digne — (Rires.) était parmi ceux qui réunirent dès l'abord le plus grand nombre de suffrages ? Eh bien, il se trouve que ce n'est aucun de ceux là qui a été nommé, que c'est celui qui avait eu le moins de voix qui a triomphé au dernier tour de scrutin. (Rires et applaudissements.)

Si bien qu'on a pu l'appeler un élu du hasard. Hasard pour hasard, j'aime mieux celui qui nous a fourni cette longue lignée de rois, qui avaient rendu la France si prospère au dedans, si « terrible » au dehors. (Applaudissements.)

Messieurs, le principe qui abrita pendant de longs siècles les destinées de la France a, en lui-même, une force incomparable. Mais il faut, surtout dans un pays sur lequel ont passé tant de révolutions, il faut que cette force soit représentée par une volonté et par un homme. N'est-ce pas un homme et une volonté que le pays réclame après toutes les anarchies dont il a été victime ? Or, avec le principe et sa force incomparable, nous avons l'homme, nous avons la volonté. Nous savons où il est, le pays le sait ; il n'a plus qu'a vouloir lui-même. Et la France sait aussi ce que sera cette monarchie nouvelle. Il y a une prétendue habileté, messieurs, qui consiste à se taire ou à parler pour ne rien dire, et qui a cet avantage qu'on laisse à chacun le droit d'interpréter ce silence dans le sens qui lui plaît le mieux. Monsieur le Comte de Paris dédaigne ces habiletés. Il parle au pays et, quand il lui parle, il se livre tout entier.

Relisez les Instructions adressées l'année dernière aux chefs du parti royaliste ; relisez la lettre envoyée aux maires des communes de France ; relisez cet autre document non moins remarquable et qui était publié naguère sous le titre de : « La commune libre dans l'Etat libre. »

Quelle est la question, si haute qu'elle soit, que Monsieur le Comte de Paris n'y ait point abordée avec cette sincérité attrayante d'une grande âme qui s'ouvre d'elle-même devant ceux à qui elle s'adresse ? (Applaudissements).

Dans toutes les communications de Monsieur le Comte de Paris, il y a d'abord un trait particulier et que certainement vous avez remarqué. Il est dans cette sollicitude touchante qui fut toujours au cœur de sa race pour les petits et pour les humbles !

Deux passions ont occupé sa jeunesse : la

passion du soldat, qui lui a permis de montrer à l'Amérique ce que valait son courage et l'étude ardente, obstinée de toutes les questions qui intéressent les classes ouvrières.

S'agit-t-il ensuite des libertés publiques? Il veut une liberté sincère, loyale, accessible à tous. Du droit d'association il fait un droit commun, et son esprit libéral autant que ses croyances religieuses s'indigne à la pensée que l'Etat puisse jamais envahir le plus sacré des territoires: celui de la conscience humaine. (Applaudissements.)

S'agit-il de nos institutions municipales? Monsieur le Comte de Paris veut que le maire soit par l'origine même de son pouvoir le représentant véritable de l'indépendance communale, que les finances de la commune appartiennent à la commune, que ses budgets lui appartiennent; que l'âme de ses enfants lui appartienne et que nulle puissance au monde n'ose mettre la main sur elle. (Applaudissements.)

S'agit-il d'organiser les grands pouvoirs publics? Ici se rencontre de toutes les questions la plus ardue. Il faut désormais concilier les nécessités d'un gouvernement qui veut gouverner sans rien enlever au libre contrôle du pays, avec cette force nouvelle, le suffrage universel, qui a si facilement les entraînements de la toute-puissance.

Le nombre a des droits, des droits qu'il faut respecter ; mais dans une société il y a autre chose que le nombre : il y a des intérêts, intérêts d'origine ancienne, ou se constituant par le travail et grâce à ce

mouvement ascendant qui doit nécessaire-
ment se produire dans une démocratie
où tous les rangs d'en haut sont ouverts à
qui sait les conquérir.

Représentés par deux assemblées, le
nombre et les intérêts seront appelés à
concourir à la même œuvre ; et en con-
férant aux deux Chambres une puissance égale, un droit égal de contrôle, en
empêchant ainsi que l'une d'elles puisse par
sa volonté seule arrêter quand il lui plaît
la marche des affaires, on garantira contre
l'imprévoyance ou le mauvais vouloir d'une
majorité cette stabilité et cet esprit de
suite dans le gouvernement sans lesquels
il n'y a de sécurité pour aucun lendemain !

Messieurs, avec quelle ferme sagesse et
de quelle main virile ont été ainsi résolus
les difficiles problèmes dont se proccupent
à si juste titre tous ceux qui réclament pour
la France un gouvernement où la liberté ne
soit pas l'anarchie — où l'autorité soit la
force sans être le despotisme — où tout le
monde soit contenu sans que personne soit
opprimé — un gouvernement dont l'avène-
ment serait le triomphe de la France elle-
même, au lieu d'être le triomphe d'un parti
écrasant tous les autres ; — qui appellerait
à l'œuvre commune tous les mérites et
tous les dévouements — qui demanderait
à chacun non pas d'où il vient, mais
ce qu'il vaut — qui respecterait tous les
droits et protégerait toutes les libertés fé-
condes, toutes celles qui peuvent servir au
progrès d'un grand peuple sans nuire à son
repos. Messieurs, voilà le gouvernement
que la France demande, la France honnête

la France libérale, la France chrétienne, et voilà le gouvernement que nous apporterait celui qui nous a dit, dans un admirable langage : « Si je veux être le Roi, c'est pour être le premier serviteur de mon pays. » (Applaudissements prolongés.)

Le moment est venu de s'arrêter. Aussi bien, messieurs, je me doute que votre attention, si bienveillante qu'elle soit — et je ne saurais vous dire assez combien cette bienveillance me touche — votre attention doit être bien près d'être épuisée (Non. non ! — Applaudissements.)

Après la chute du premier Empire, de ce régime où la liberté avait dû s'effacer devant la gloire, où toutes les voix étaient muettes, où toutes les têtes étaient courbées, on demandait un jour à un homme politique qui avait vécu dans la retraite et l'isolement ce qu'il avait fait pendant ces longues années: « Ce que j'ai fait? répondit-il fièrement, je me suis tenu debout!»

Se tenir debout, c'est bien ; c'est ainsi qu'on conserve l'honneur de sa vie, la dignité de son caractère; mais ce n'est pas là le devoir tout entier.

Oui, debout, mais debout pour la lutte. Debout pour le combat. Allons chaque jour vers le pays. Montrons-lui tout ce qu'il doit redouter encore de la République, tout ce qu'il peut attendre de la Monarchie. Disons-lui bien qu'en dehors du rétablissement de la Monarchie, il ne peut y avoir que des conceptions chimériques, des expédients, des aventures ; que tous les atermoiements ne feraient qu'aggraver ses souffrances, accroître les périls et rendre plus difficile

encore le relèvement de la patrie. (Vifs applaudissements.)

Que tous nos cœurs et toutes nos volontés
marchent ensemble, et viendra bientôt le
jour ou vous arracherez le pays aux mains
des hommes qui l'oppriment, le ruinent et
le déshonorent, et avec la Monarchie rappe-
lée, nous assisterons à ces grandes revan-
ches du droit, de la justice, de la liberté et
de l'honneur, que Dieu ne refusa jamais aux
peuples qui surent les mériter. (Triple salve
d'applaudissements.)

A la suite de cette magnifique réunion
Monseigneur le Comte de Paris a adressé
à M. Lambert de Sainte-Croix la lettre
suivante :

Sheen House, 30 octobre 1888.

Mon cher monsieur Lambert de Sainte-Croix,

Je viens de lire avec une véritable
émotion les paroles que vous avez pro-
noncées avant-hier à Tours, tant à la
conférence qu'au banquet. J'ai hâte
de vous en féliciter et de vous remercier de la manière dont vous avez af-
firmé l'union de tous les monarchistes,
leur dévouement à la France et la
confiance qu'ils m'accordent.

Cette confiance est ma force : je
saurai toujours, j'espère, la leur ins-
pirer ; j'en ai plus que jamais besoin

aujourd'hui. Ils peuvent compter sur moi comme je compte sur eux.

Vous avez bien fait de rappeler que les républicains ne peuvent réclamer de 1789 que les anniversaires sanglants; ceux des réformes utiles et pacifiques appartiennent tous à la Monarchie.

Je vous prie de remercier M. Depeyre de la façon si éloquente dont il a parlé de mon programme, de la façon si claire dont il l'a commenté.

Je saisis cette occasion pour vous prier de me croire

Votre bien affectionné

PHILIPPE, Comte de Paris.

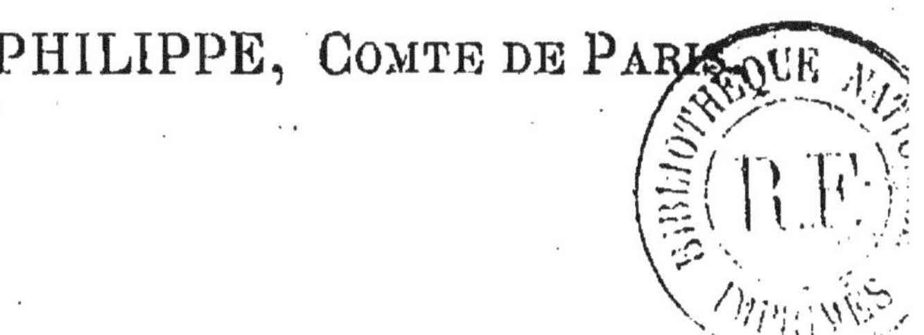

Imprimerie Quentin, 13, quai Voltaire, Paris.

www.ingramcontent.com/pod-product-compliance
Lightning Source LLC
Chambersburg PA
CBHW061353050726
47595CB00005B/2215